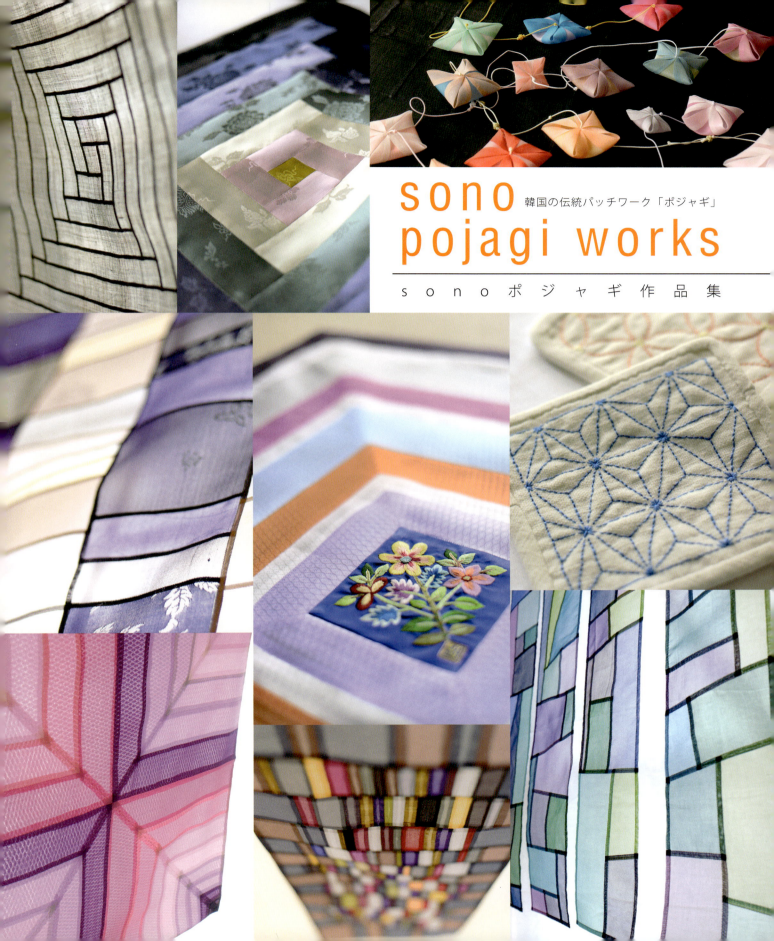

ここまでのめり込むとは、自分でも驚き。

韓国の伝統パッチワークと言われている「ポジャギ」。

不思議なご縁に導かれ、ソウルの「ダムル工房」で

朝8時から夜10時までひたすらポジャギ修業。楽しかったなぁ〜。

福岡に戻ってからもひたすらポジャギ制作。

不思議と飽きない。疲れない。

ここ数年、写真家川上信也さんに協力してもらって「ポジャギ・カレンダー」を制作。
毎回すてきな写真が沢山で、使わずに残った写真がもったいない！

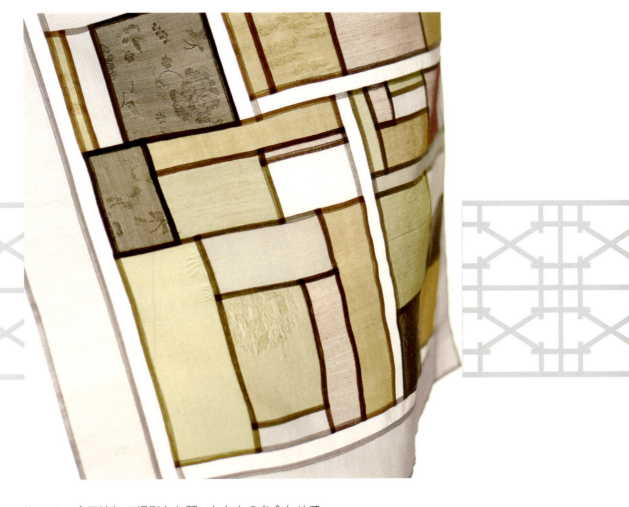

なので、今回追加で撮影をお願いしたものを合わせて
これまでの私のポジャギ作品集としてまとめてみました。
ポジャギの作り方の本ではないので、縫い方や材料などの説明はありません。
一部の作品は、デザイン（図案）を記載しています。
ポジャギ教室やサークルなどで使っていただいて構いません。
ポジャギに興味のある方、ポジャギを作っている方が
見て楽しんでいただければ嬉しいです。

目 次 — contents —

- サソンタンポ 三角繋ぎのチョガッポ　6
- グレー 窓(格子)模様 チョガッポ　8
- 真珠紗 斜め繋ぎ チョガッポ　10
- セットン1000 チョガッポ　12
- チュンポ 四角繋ぎ チョガッポ　14
- グレー＋ピンク＋緑 チョガッポ　16
- 曲線のランナー　18
- 伝統花模様 ヤンダンのヌビ　20
- カラフル 四角繋ぎ チョガッポ　22
- 真珠紗 籠模様 チョガッポ　24
- オレンジ ヤンダン チョガッポ　26
- 亜字紋 チョガッポ　28
- ノバン＋スコサ チョガッポ　30
- 窓(格子)模様 オクサ＋スコサ チョガッポ　32
- 三角繋ぎ ランナー　34
- PINK・OBSESSION ピンク・オブセッション　36
- カラフル ノバン チョガッポ　38
- FLW ステンドグラス風 チョガッポ　40
- カラフル オクサ チョガッポ　42
- カラフル ヤンダン チョガッポ　44

■むら染め オクサ チョガッポ　　46

■シロクマ ノバン チョガッポ　　48

■白モシ チョガッポ　　50

■柿渋染め モシ チョガッポ　　52

■紐付き 黒モシ チョガッポ　　54

■生成りモシ くり抜き チョガッポ　　56

■AGONY 黒モシ 曲線チョガッポ　　58

■紐付き 薄いあんず色モシ チョガッポ　　60

■白＋ピンク＋紫 高級モシ チョガッポ　　62

■四角繋ぎ 卍 ミニランナー　　64

■ピンク＋緑 四角繋ぎ 卍 チョガッポ　　66

■枕の模様（ペゲンモ）　　68

■カンセ人形　　70

■葉っぱのコースター　　71

■韓紙＋チョガッポのトレイ　　72

■福巾着ストラップ　　73

■「風来」のくるみのフレーム　　74

■正方形の額入り ポジャギ　　75

■お花のモビール　　76

■如意珠紋　　77

■針山いろいろ　　78

■デザイン（図案）　　80〜

■あとがき　　92

サソンタンポ 三角繋ぎのチョガッポ

사선 단보

■ 124cm × 124cm

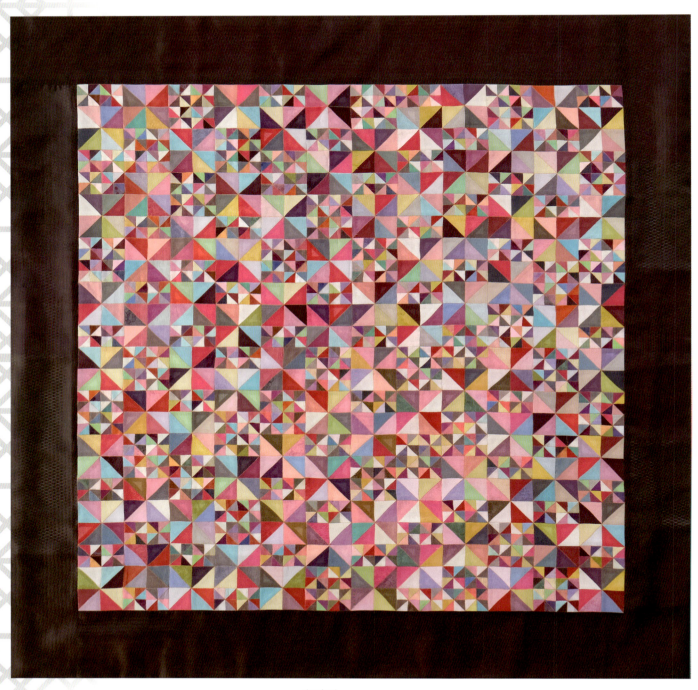

スコサ、オクサ、カプサ、真珠紗(チンジュサ)、ハンラなど薄手のシルクの端切れを
目がチカチカするような、目の錯覚を起こすようなイメージで
色の組み合わせは考えずに、手に取った生地をひたすら繋いで作った作品

グレー 窓(格子)模様
チョガッポ

회색 장지문 조각보

■ 44cm × 124cm
■ デザイン：p.82

グレー系の薄絹を
グラデーション糸で縫って作っています
透け感があるときと無いときで
全く違って見える面白い作品

韓国ドラマを見ると
内容や出演者よりも背後の窓の模様が気になるので
写真を撮ってデザインの参考にしています

真珠紗
斜め繋ぎ チョガッポ

진주사 사선 조각보

■ 68cm × 68cm

大好きな生地、真珠紗という模様入りの高級シルク
ほとんど見えませんが、中にノバンを挟んで作っています
方眼紙にデザインするのも、実際に縫っていくのも
とにかく作るのが楽しい作品でした

セットン1000 チョガッポ

색동 1000 조각보　　　　　　　　　■ 75cm × 120cm

セットンというカラフルな縞模様の生地(8種類)を
小さくカットして、モザイクみたいに見えるように作りました
生地がとても重たくて1000枚で断念しました

チュンポ 四角繋ぎ チョガッポ

춘포 사각 조각보

■82cm × 99c

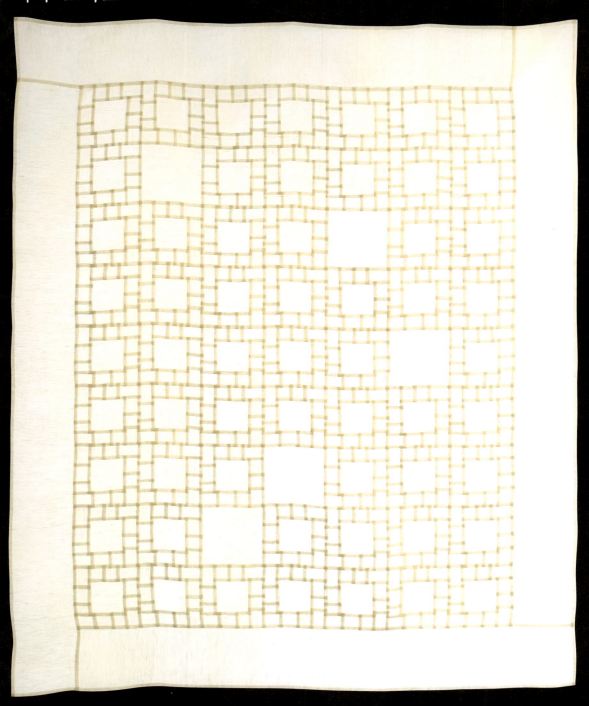

絹と麻とを織り合わせたチュンポという高級生地
初めての個展の時に、睡眠を削って朦朧としつつ、超短期間で仕上げた思い入れのある作品

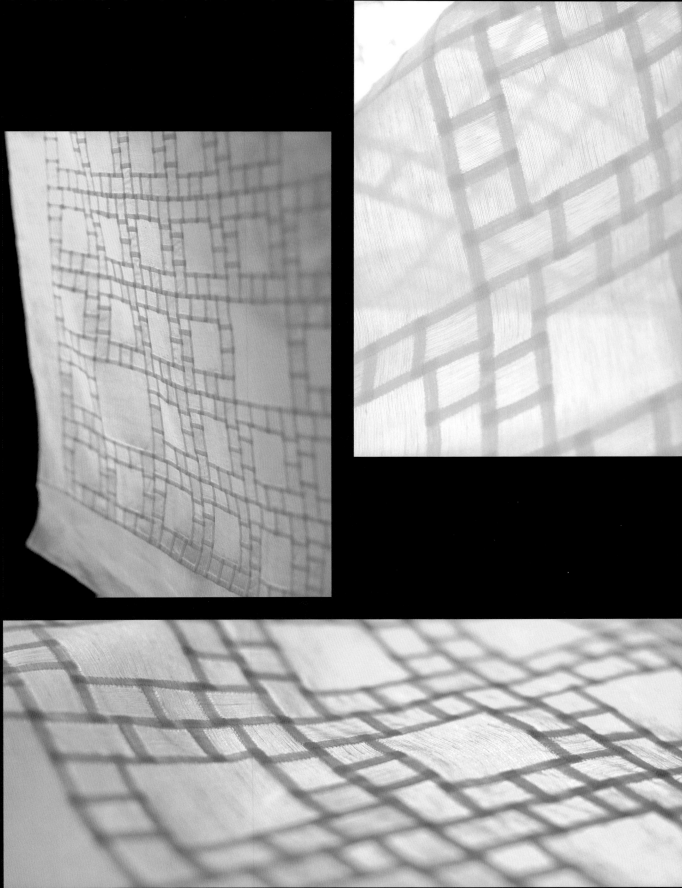

グレー + ピンク + 緑 チョガッポ

회색 + 분홍색 + 초록색 사각 조각보

■ 99cm × 99cm

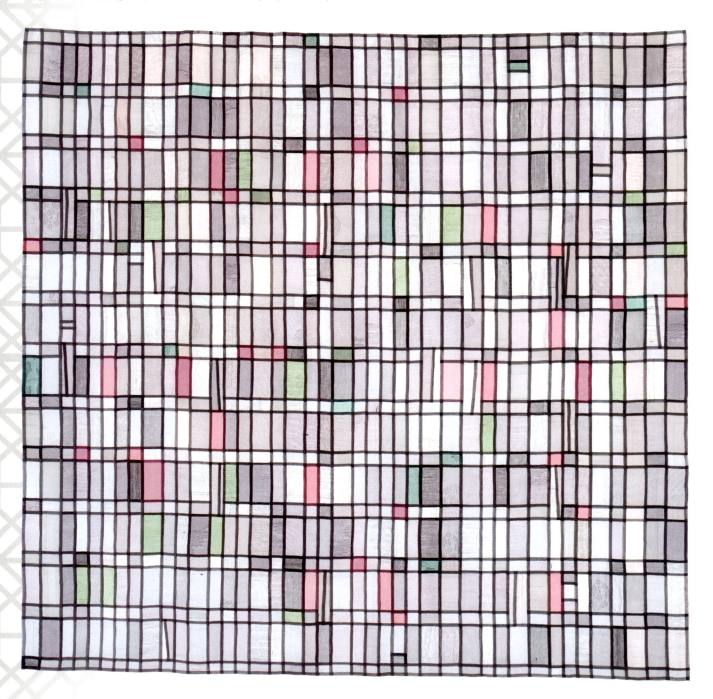

インスタ(instagram)映えする作品を！ と考えて、修行のごとく、ひたすら四角を繋いで作った作品
大好きなグレーとピンクの配色、アクセントに緑をチョイス。スマホカバーもこの作品写真で作ったほどのお気に入り

曲線のランナー

초록색 곡선 러너

■ 36cm × 74cm

ポジャギでは珍しい、連続した曲線の作品

伝統花模様 ヤンダンのヌビ

양단 누비

■ 51cm × 51cm

「ダルム工房」李賢淑先生の作品を参考に、ヤンダン(絹)の下に真綿を入れてふっくらとさせ、
グラデーション糸でヌビ(刺し子)しています
本来はヌビに適していない生地なので、なるべく小さく、やさしく縫っています

カラフル 四角繋ぎ チョガッポ

컬러풀 사각 조각보　　　　　　　　　　■ 100cm × 100cm

韓国に買い出しに行って、帰国後すぐに制作
こういうカラフルな生地は、見ているだけで韓国のパワーをもらえるようで、元気になります

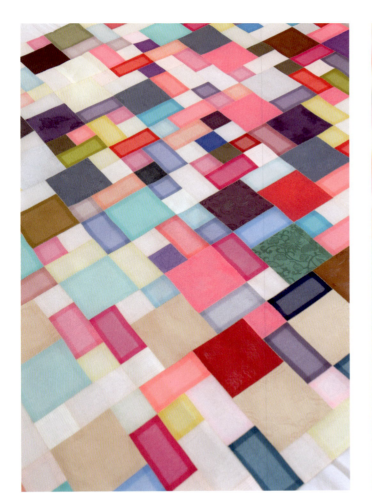

真珠紗 籠模様 チョガッポ

진주사 바구니 조각보　　　　　■ 95.5cm × 95.5cm　■ デザイン : p.83

大好きな真珠紗(チンジュサ)という薄手のシルク
私のポジャギ教室でも人気の籠模様
ほとんど見えませんが、中に1枚ノバンを挟んでいます

オレンジ ヤンダン チョガッポ
오렌지 양단 조각보

■ 96cm × 96cm　■ デザイン：p.84

トマトとチーズをイメージして作った作品
実は単純な四角繋ぎですが、組み合わせ次第で面白いデザインになります

亜字紋　チョガッポ

장지문　춘포　조각보

■ 61,5cm × 121.5cm

韓国の窓(格子)模様を、
くり抜きの、そのまた くり抜き技法で

今まで作った中で一番
ほどいたり、作り直したり
悪戦苦闘した作品

ノバン + スコサ
チョガッポ

노방 겹보

■ 50cm × 96cm
■ デザイン：p.85

透け感のあるカラフルなノバンと
裏地に模様の入ったスコサを使って
韓国の春、新緑の
イメージで作りました

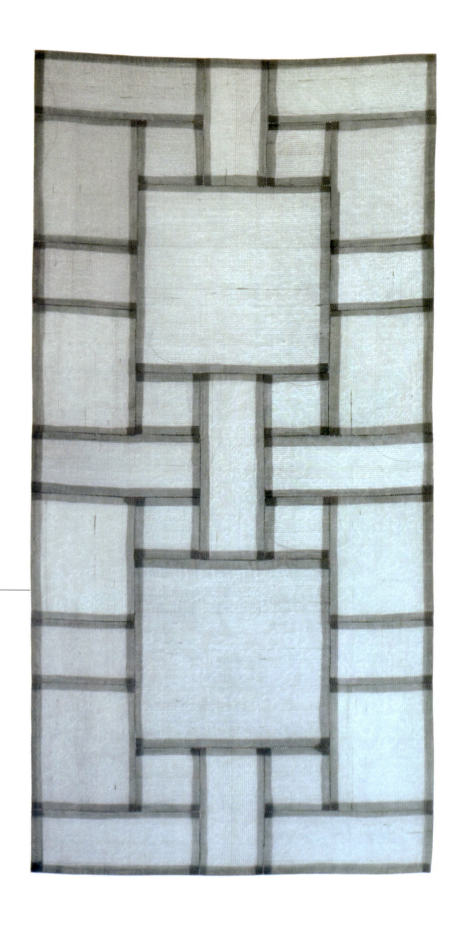

窓(格子)模様
オクサ + スコサ
チョガッポ

장지문
옥사 + 숙고사 조각보

■ 31cm × 65cm
■ デザイン：p.86

大人気の韓国の窓(格子)模様

見た目よりも作るのが難しい
頭を使う作品です

三角繋ぎ ランナー

사선 조각 러너

- 18cm × 86cm
- デザイン：p.87

三角には魔除けの意味合いがあり
ポジャギではよく使われるデザインです

PINK・OBSESSION ピンク・オブセッション

분홍색 곡선 조각보

■ 87cm × 87cm

以前は直線的な作品が多かったのですが、大量に溜まったピンクのシルク端切れと格闘している最中に
定規を使わなくてもいいんだ！ 曲がってもいいんだ！ こういうものありなんだ！ と
何かふっきれた感じで作った作品

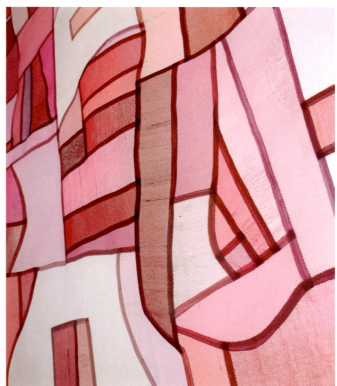

カラフル ノバン チョガッポ

컬러풀 노방 조각보

■ 88cm × 153cm

2回目の個展用に
箱に収まらないほどに溜まっていた
ノバンを簡単なぐし縫いで
ひたすら繋いで作った作品

FLW
ステンドグラス風
チョガッポ

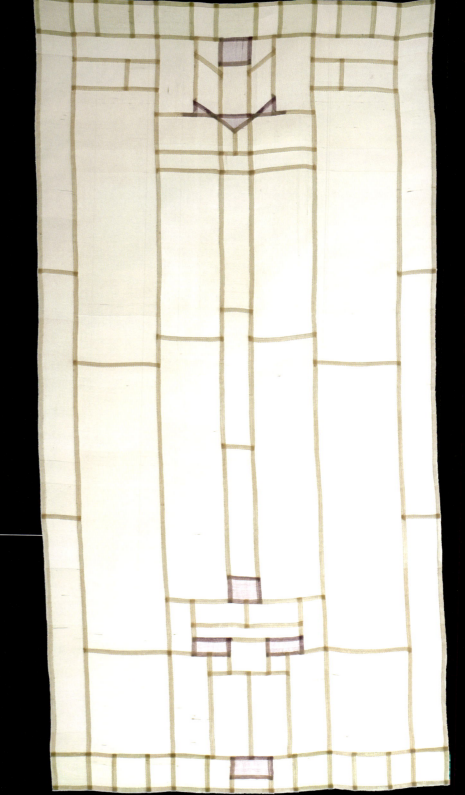

FLW
스테인드 글라스 조각보

■ 40cm × 82cm

建築家フランク・ロイド・ライト(FLW)の
ステンドグラスの模様から
インスピレーションを受けて
ポジャギ用にデザインして作った作品
くり抜き部分は何度も試作しました

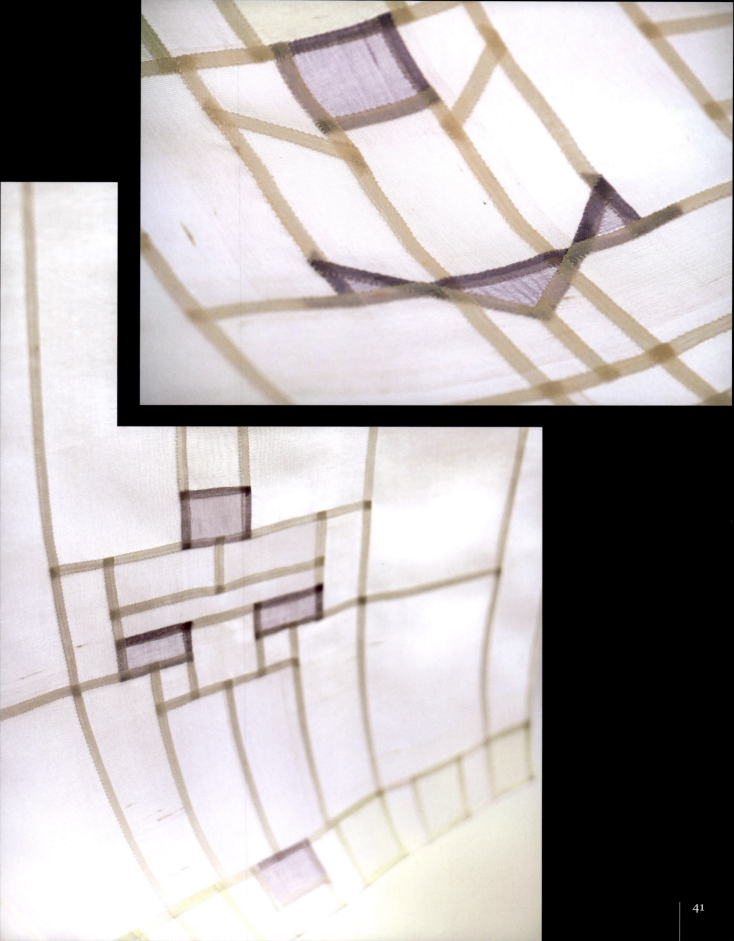

カラフル オクサ チョガッポ

컬러풀 옥사 조각보

■ 80cm × 80cm

モザイクのように無作為なデザインに見えますが
オクサをメインに、スコサ、カプサ、真珠紗(チンジュサ)など薄絹の端切れを繋いで
中心から外側へ周回していくような、ムジゲ(虹)模様になっています

カラフル ヤンダン チョガッポ

컬러풀 양단 조각보　　　　　　　　　　　■ 80cm × 80cm

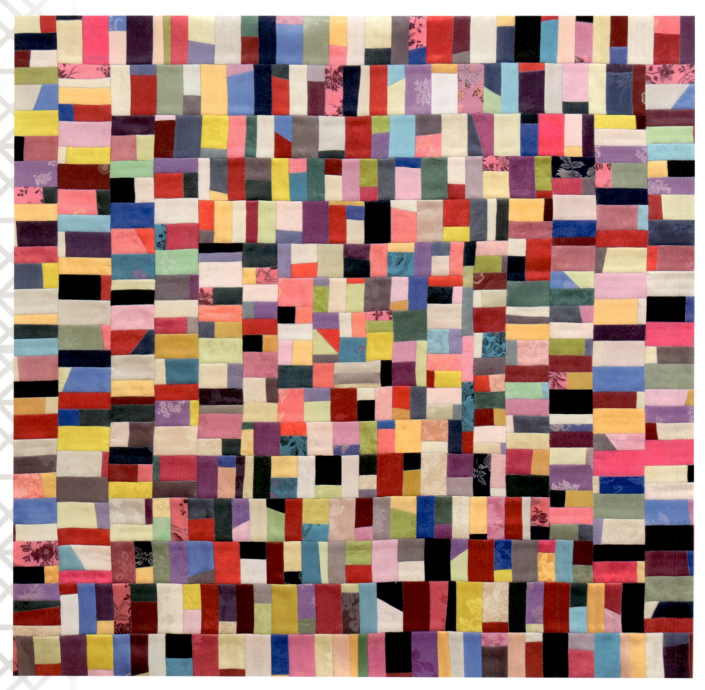

カラフル オクサ チョガッポ(p.42)を作るのが楽しくて
ヤンダンを使って同じムジゲ(虹)デザインで作りました
途中、糸くずが大量に出て大変でした

むら染め オクサ チョガッポ

자연염색 옥사 조각보

■ 90cm × 90cm

プレゼントでもらった珍しいむら染めのオクサ
光の加減で全く表情が変わる面白い生地です

シロクマ ノバン チョガッポ

보라색 + 흰색 노방 조각보

■ 110cm × 160cm

当初は白のノバンを多めに
シロクマアイスのような色合いをイメージしていたのですが
寒々しい感じだったので、段々と色を増やしていったらこんなふうに落ち着きました

白モシ チョガッポ

흰색 모시 조각보

■ 102cm × 142cm   ■ デザイン：p.88

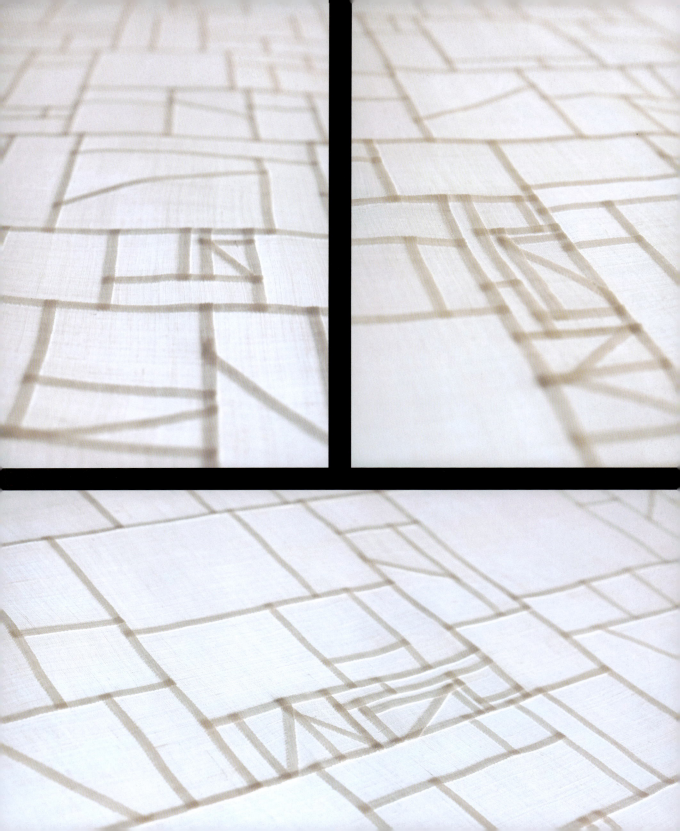

柿渋染め モシ チョガッポ

감물 염색 모시 조각보

■ 108cm × 108cm

韓国大邱(テグ)の柿渋染めモシ(麻)
普通のモシよりも硬くて縫いにくくて、かなり苦戦した作品
柿渋独特の風合いが出て、落ち着いた感じになりました

紐付き 黒モシ チョガッポ
검은색 모시 조각보

■ 90cm × 90cm

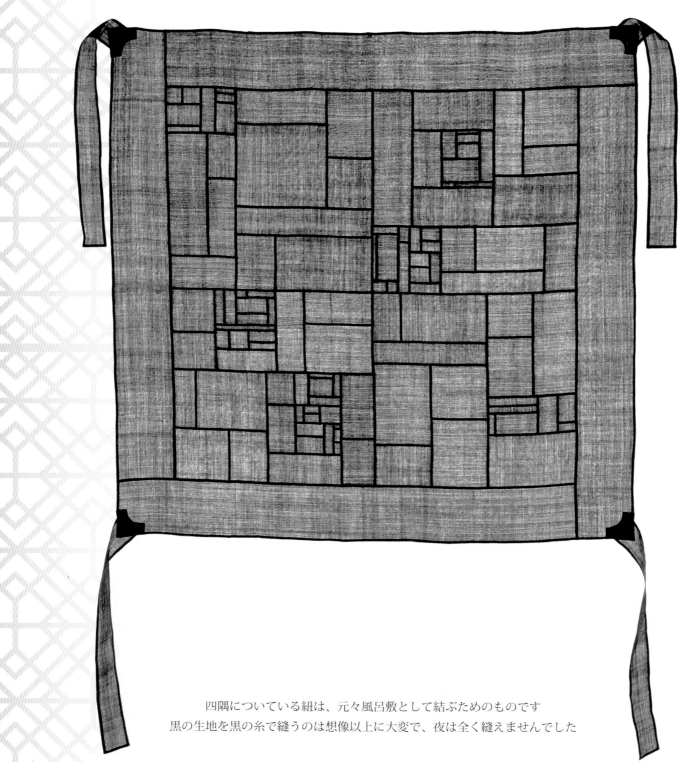

四隅についている紐は、元々風呂敷として結ぶためのものです
黒の生地を黒の糸で縫うのは想像以上に大変で、夜は全く縫えませんでした

生成りモシ くり抜き チョガッポ

아이보리색 모시 조각보

■ 90cm × 90cm　■ デザイン：p.89

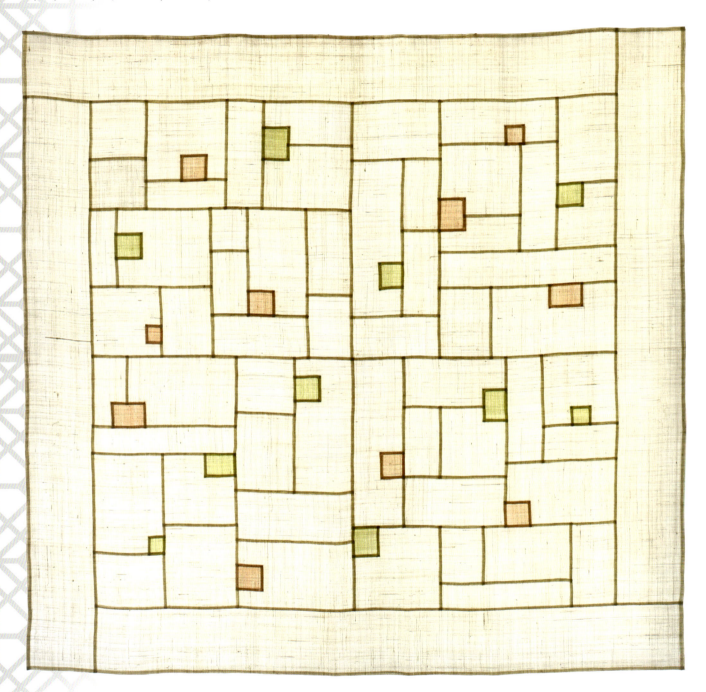

定番の生成りモシ（麻）のポジャギ作品
大きなパーツの中に、虫くい布のイメージで、くり抜き技法を入れてみました

AGONY 黒モシ 曲線チョガッポ

검은색 곡선 조각보

■ 106cm × 106cm

ストレスを抱えていた時、思いをぶつけるように取り組んでできた作品
色合い、質感などが異なる黒のモシ（麻）を適当に曲線繋ぎしたのですが
中途半端なサイズのパーツが複数できて、最後にまとめるのがとても大変でした

紐付き 薄いあんず色モシ チョガッポ

살구색 모시 조각보

■ 80cm × 80cm　■ デザイン：p.90

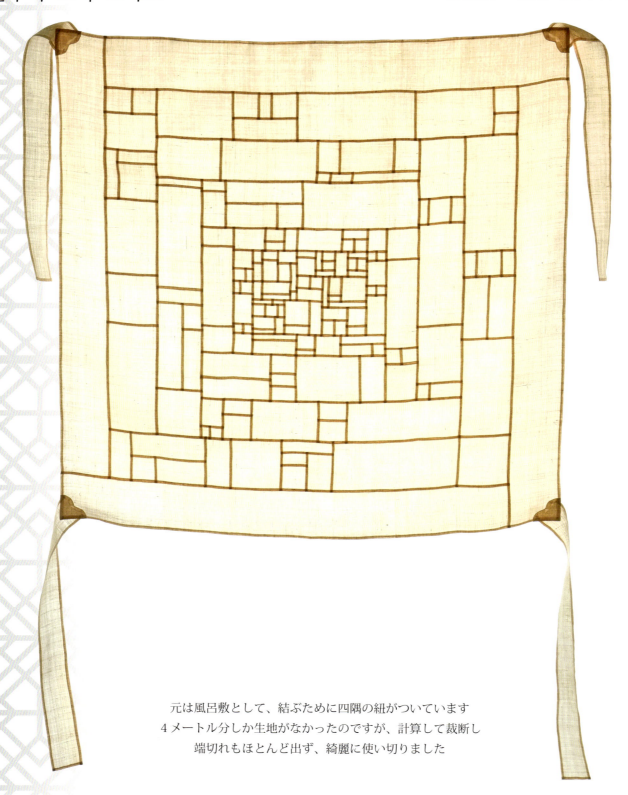

元は風呂敷として、結ぶために四隅の紐がついています
4メートル分しか生地がなかったのですが、計算して裁断し
端切れもほとんど出ず、綺麗に使い切りました

白 + ピンク + 紫 高級モシ チョガッポ

흰색 + 분홍색 + 보라색 고급모시 조각보

■ 89cm × 119cm

薄くてしなやかな高級モシ（麻）
毎年東京で開催されている「日本手工芸指導協会」の作品展用に作った大作です

四角繋ぎ 卍 ミニランナー

사각 러너

- 13.5cm × 42cm
- デザイン：p.91

大好きな配色
糸をこまめに替えながら縫うのがポイント

面倒なくり抜き技法を使わずに
それらしい模様ができないかと考えてデザインしました

ピンク + 緑 四角繋ぎ 卍 チョガッポ

분홍색 + 초록색 사각 조각보　　　■ 38cm × 38cm

韓国では「ピンクに合うのは緑！」
私なりの「ピンクと緑」の組み合わせに

枕の模様（ペゲンモ）

베갯모

コロンと小ぶりの枕（ペゲ）
その両端部分の模様のことを
ペゲンモと言います

ちまちまと細かい作業ですが
楽しくて何個も作りました

▶小さく作ったペゲンモ　裏に金具を付けてブローチに

▼▲ 枕(ペゲ)端の部分の模様は、何パターンもあります

69

カンセ人形

간세

韓国語で「怠け者」「ものぐさ」という意味のある済州島の馬の人形
私の作るカンセは短足・内股で、ぽっちゃり体型
バッグチャームとして、いつも連れていってます

葉っぱのコースター

나뭇잎 컵받침

小さめのカップを置くと
両手で包み込んだような形になる
立体的なコースター

71

韓紙 + チョガッポの トレイ
한지 + 조각보

土台作り、下地貼りなどが大変で
韓紙工芸の大変さを実感しました

福巾着ストラップ
복 주머니 열쇠 고리

ミニサイズの福巾着の中に
ラベンダーを入れて
香り袋として愛用中

「風来」の
くるみのフレーム

호두 나무 액자 + 조각보

北九州市門司にある「木工屋風来」さん
木の質感、色合い、斜めの角度などこだわって
くるみの木の立体的なフレームを
オーダーメードで作ってもらいました

正方形の額入り ポジャギ

액자 + 조각보

正方形の額が好きで
たくさん集めてたくさん作品作って
部屋に飾っています

お花のモビール

꽃 모빌

上から吊るすと
ふわふわと浮いているように見える
ノバンのお花

如意珠紋

여의주문

パッチワークでカテドラルとも言われている模様「如意珠紋(ニョイチュムン)」
変形のもの(右上作品)は何倍も大変なのですが
動きが出ておもしろい作品になります

針山いろいろ

바늘겨레

私の作る針山は
どれも綿がパンパンに入ってます

デザイン（図案）
目　次
— contents —

■グレー 窓(格子)模様 チョガッポ ……………… 82 （写真 p.8）

■真珠紗 籠模様 チョガッポ ……………… 83 （写真 p.24）

■オレンジ ヤンダン チョガッポ ……………… 84 （写真 p.26）

■ノバン ＋ スコサ チョガッポ ……………… 85 （写真 p.30）

■窓(格子)模様 オクサ ＋ スコサ チョガッポ ……… 86 （写真 p.32）

■三角繋ぎ ランナー ……………… 87 （写真 p.34）

■白モシ チョガッポ ……………… 88 （写真 p.50）

■生成りモシ くり抜き チョガッポ ……………… 89 （写真 p.56）

■紐付き 薄いあんず色モシ チョガッポ ……………… 90 （写真 p.60）

■四角繋ぎ 卍 ミニランナー ……………… 91 （写真 p.64）

グレー 窓(格子)模様
チョガッポ

회색 장지문 조각보

- 44cm × 124cm
- 写真：p.8

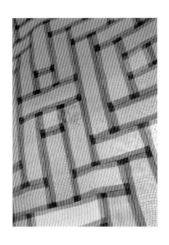

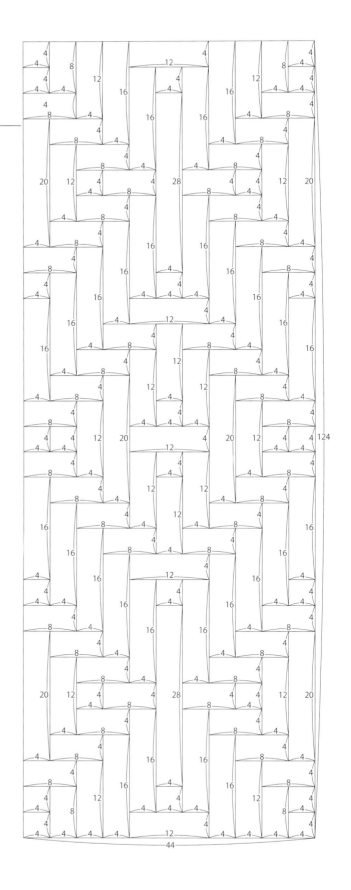

真珠紗 籠模様 チョガッポ

진주사 바구니 조각보

■ 95.5cm × 95.5cm
■ 写真 : p.24

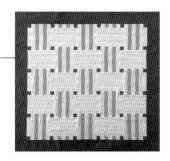

オレンジ ヤンダン チョガッポ

오렌지 양단 조각보

■ 96cm × 96cm
■ 写真：p.26

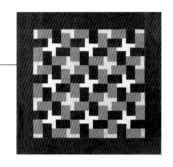

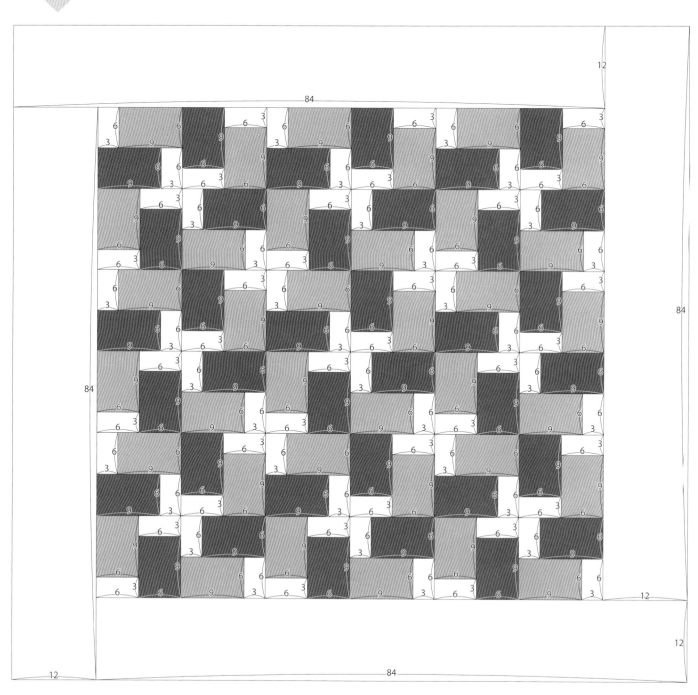

ノバン + スコサ
チョガッポ

노방 겹보

- 50cm × 96cm
- 写真：p.30

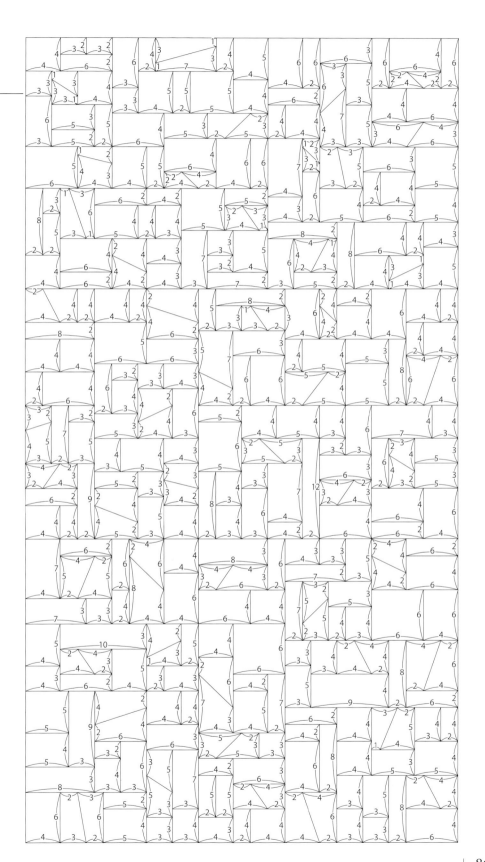

窓(格子)模様 オクサ + スコサ チョガッポ

장지문 옥사 + 숙고사 조각보

31cm × 65cm

写真：p.32

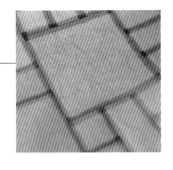

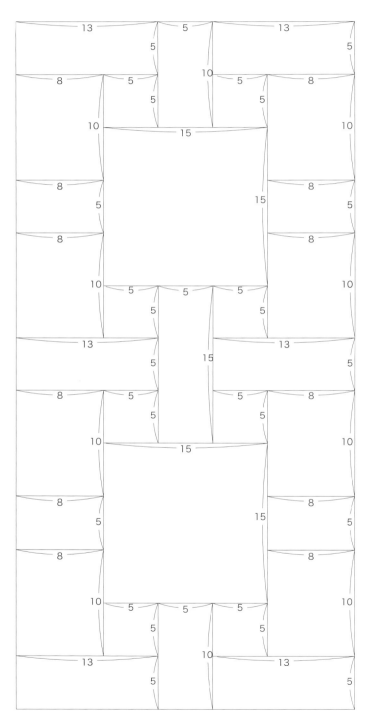

三角繋ぎ ランナー

사선 조각 러너

■ 18cm × 86cm
■ 写真：p.34

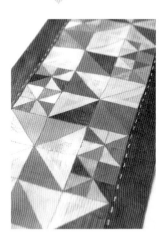

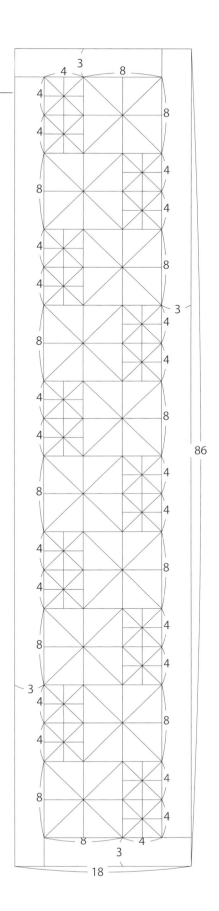

白モシ チョガッポ

흰색 모시 조각보

■ 102cm × 142cm
■ 写真：p.50

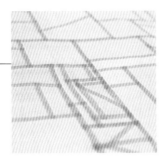

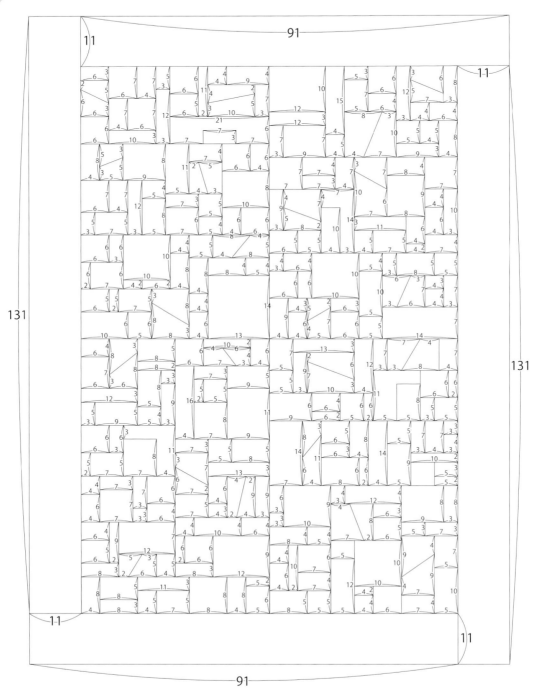

生成りモシ くり抜き チョガッポ

아이보리색 모시 조각보

- 90cm × 90cm
- 写真：p.56

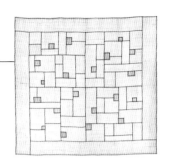

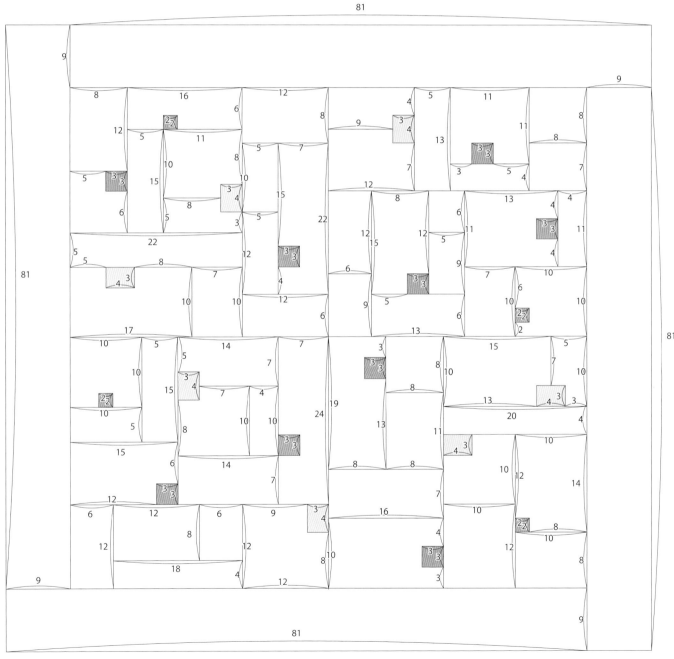

紐付き 薄いあんず色モシ チョガッポ

살구색 모시 조각보

- 80cm × 80cm
- 写真：p.60

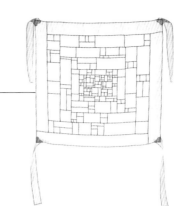

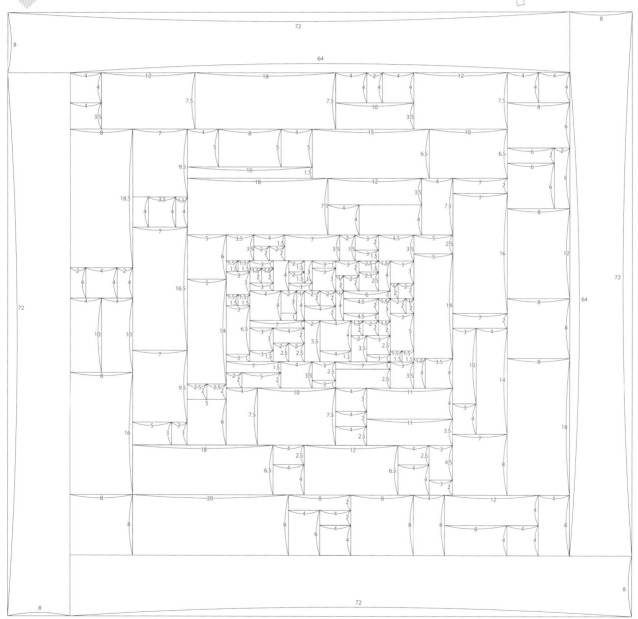

ひも×4本

四角繋ぎ 卍 ミニランナー

사각 러너

■ 13.5cm × 42cm
■ 写真：p.64

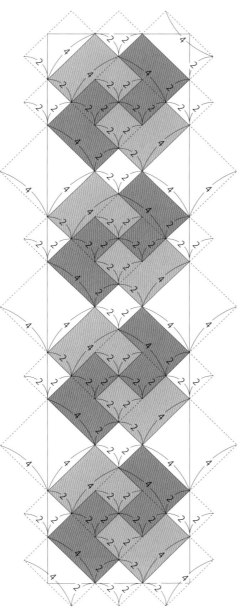

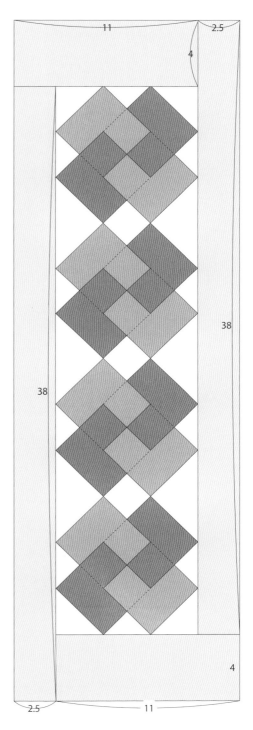

ポジャギに出会って10年以上経ちます。
韓国語はあまりできないけど、英語が話せるからどうにかなるでしょ！と
軽い気持ちで単身ソウルへポジャギ修業。
意外と英語を使うチャンスは少なく、スマホもない時代、
ボディランゲージと片言の韓国語で、実際にどうにかなりました。

この本に掲載した作品は、
韓国の伝統的なポジャギの技法やデザインをもとに、
日本人の私なりの解釈で作ったものばかりです。
ここ数年、ポジャギの認知度がじわじわと上がってきているようですが、
この本が、その一助となれば幸いです。

ポジャギに出会うきっかけを与えてくれた、「ぱらんまだん」のかなえ氏、
どんな人間なのか、言葉が通じるかも全くわからないのに「いつでもどうぞ！」と
両手広げて迎え入れてくれた「ダムル工房」の李賢淑先生とご家族、
そして、送り出してくれた私の家族と友達、
心細かった初めてのソウル滞在時からずっと全面的にサポートしてくれる朋美氏、
びっくりするほど自然体で、すごく素敵な写真を撮ってくれる川上さんとよっちゃん、
仕事の傍ら、大量の写真とデータと、私の曖昧な要求に応えてくれたチゲリン、
「ぱらんまだん」の仲間たち、ポジャギ教室に参加してくださるみなさん、
ポジャギを通じで出会ったみなさんに感謝です。감사합니다！

— sono —

著者紹介

園田　鶴代

福岡県在住　ポジャギ作家
ソウル・ダムル工房　李賢淑氏に師事しポジャギを学ぶ
現在は、朝日カルチャーセンター北九州、中国新聞情報文化センター（広島）や
大分市などでポジャギ教室開催中
日本手工芸指導者協会　ポジャギ科講師

ホームページ：https://pojagi-sono.jimdo.com/
ブログ：http://mogulogu.blog96.fc2.com/　（毎日更新中）
オンラインショップ：http://pojagisono.cart.fc2.com/
フェイスブックページ：https://www.facebook.com/pojagi.sono/

作品撮影：川上　信也
　　　　　ホームページ／ https://shinya27.wixsite.com/kawakami
　　　　　撮影／ FUJIFILM X-T1, X-T2

　　　協　　力：木工屋　風来
　　　　　　　　http://www.kagu-furai.net/

韓国伝統のパッチワーク・ポジャギ

sono pojagi works　ソノ ポジャギ ワークス

2018年1月20日　第1刷発行

著　者　園田 鶴代
撮　影　川上 信也
編集協力　渡邉 美和
発行所　合同会社花乱社
　　　　〒810-0073　福岡市中央区舞鶴1-6-13-405
　　　　電話 092-781-7550　FAX 092-781-7555
　　　　http://www.karansha.com

印　刷：ダイヤモンド秀巧社印刷株式会社
製　本：篠原製本株式会社
ISBN978-4-905327-82-0

sono pojagi works
by TSURUYO SONODA
Karansha Publishing Co. Ltd., Jan 2018 FUKUOKA JAPAN